gatto
kedi

coniglio

tavşan

cane

köpek

pulcino

civciv

anatra
ördek

pecora

koyun

capra

keçi

maiale

domuz

asino

eşek

cavallo

at

mucca

inek

topo

fare

pipistrello

yarasa

ape

arı

ragno

örümcek

volpe

tilki

cervo

geyik

scoiattolo

sincap

riccio

kirpi

gufo

baykuş

rana

kurbağa

serpente
yılan

procione

rakun

pappagallo

papağan

tucano

tukan

alligatore

timsah

tartaruga marina

deniz kaplumbağası

fenicottero

flamingo

pinguino

penguen

granchio

yengeç

medusa

denizanası

foca

fok

squalo

**köpek balığı

balena

balina

orca

katil balina

stella marina
denizyıldızı

rinoceronte

gergedan

panda

panda

scimmia

maymun

leone

aslan

tigre

kaplan

elefante

fil

www.ingramcontent.com/pod-product-compliance
Lightning Source LLC
Chambersburg PA
CBHW041606110726
48005CB00002B/311